CATALOGUE
DESCRIPTIF
DES TABLEAUX
SCULPTURES EN TERRE CUITE
MEUBLES ANTIQUES ET OBJETS D'ART

RÉUNIS PAR

M. le Marquis COLBERT DE MAULEVRIER

VENTE

LE LUNDI 31 JANVIER 1853, A 11 HEURES PRÉCISES DU MATIN

A ANGERS (Maine et Loire)

RUE DE PARIS, N° 2, HOTEL DE M. DE MAULEVRIER

PAR LE MINISTÈRE

de M° MARIE, commissaire-priseur à Angers

ANGERS,
E. BARASSÉ, IMPRIMEUR-LIBRAIRE, RUE SAINT-LAUD
1853

V

13197

CATALOGUE

DES TABLEAUX
OBJETS D'ART ET MEUBLES ANTIQUES

RÉUNIS

PAR M. LE MARQUIS COLBERT DE MAULEVRIER

Ce Catalogue se trouve,

A Angers, chez M.   MARIE, commissaire-priseur, place Saint-Martin.

A Paris, chez MM.
{
CARRAND, avenue Montaigne, 17.
GEORGE, ancien commissaire expert du Musée du Louvre, rue du Sentier, galerie Lebrun.
BONNEFONDS DE LAVIALLE, commissaire-priseur, rue de Choiseul, 11
A L'HOTEL DES VENTES, rue des Jeûneurs, 16.
}

CONDITIONS DE LA VENTE :

Les acquéreurs paieront comptant, entre les mains du commissaire-priseur chargé de la vente, et cinq pour cent en sus du prix d'adjudication.

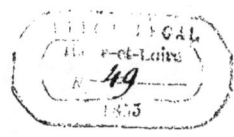

CATALOGUE
DESCRIPTIF
DES TABLEAUX
SCULPTURES EN TERRE CUITE
MEUBLES ANTIQUES ET OBJETS D'ART

RÉUNIS PAR

M. le Marquis COLBERT DE MAULEVRIER

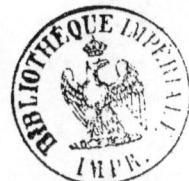

VENTE

LE LUNDI 31 JANVIER 1853, A 11 HEURES PRÉCISES DU MATIN

A ANGERS (Maine et Loire)

RUE DE PARIS, N° 2, HOTEL DE M. DE MAULEVRIER

PAR LE MINISTÈRE

de M° MARIE, commissaire-priseur à Angers.

ANGERS,
E. BARASSÉ, IMPRIMEUR-LIBRAIRE, RUE SAINT-LAUD.
1853

EXPOSITION PUBLIQUE :

A Angers, hôtel de M. de Maulevrier, rue de Paris, N° 2, le Dimanche 30 janvier 1852, de midi à 3 heures; et le lendemain Lundi, jour de la vente, à partir de 9 heures du matin.

M. le marquis de Maulevrier avait réuni un assez grand nombre d'objets d'art destinés à meubler et à embellir l'habitation qu'il avait reçue de ses pères. Un affreux malheur, connu de toute la province, étant venu détruire toutes ses espérances, il s'est décidé à se défaire de tout ce qui pouvait les lui rappeler, pour en consacrer le produit à terminer un établissement destiné à venir au secours de l'enfance.

Mais en se séparant de ses anciens amis, M. de Maulevrier n'a pas voulu, quelque valeur qu'ils eussent par eux-mêmes, les livrer comme des inconnus aux appréciations souvent incertaines et quelquefois barbares des enchères publiques. Rien n'a été épargné, rien ne lui a coûté pour faire attester leur origine et constater leur mérite. A Paris, des hommes spéciaux ont été consultés, et M. *Carrand*, dont la modestie égale le savoir, a bien voulu, sur notre prière, suspendre un moment ses travaux pour voir et apprécier la collection dont la vente nous était confiée. Grâce à lui, à ses connaissances si variées et à son appréciation magistrale, nous avons pu rédiger ce catalogue; à lui donc le mérite, à nous les erreurs.

Ici devrait s'arrêter cette note; le catalogue avec ses spécimens est là pour éclairer les amateurs et constater la loyauté de nos appréciations. Mais par scrupule et comme conséquence d'un premier et rapide examen, il n'avait osé relever certaines choses, inscrire certains noms. Par exemple, le catalogue ne dit pas que les *numéros 3 et 4*, *les quatre docteurs de l'Église*, sont dus au pinceau *d'Alessandro Bonvicino da Brescia*; il ne dit pas encore, et aujourd'hui nous l'affirmons hautement, *la vierge au croissant, numéro 8*, est un *Louis Carrache*, un admirable Louis Carrache..... Ajoutons que la présence à Paris de quelques *Lucca della Robbia*, dernièrement importés d'Italie, n'infirme en rien le jugement porté sur la valeur de l'œuvre de ce maître, inscrite au numéro **16** : « Les musées du Louvre et de Cluny n'offrent « rien qui lui soit comparable. » Cela est, nous l'avons dit, nous le proclamons de nouveau.

Nous devons ajouter que plusieurs coupes en vieux verre de Venise, une belle pendule allemande du xvie siècle, provenant du palais des Médicis, une délicieuse miniature de *Fragonard* et divers autres objets importants, qui d'abord n'étaient pas destinés aux enchères, seront, par suite d'une nouvelle détermination, compris dans cette vente.

Nous clorons cette note en signalant à l'attention des amateurs les numéros 6, 7, 21, 22 et 25 du catalogue, objets sans point de comparaison, peut-être uniques, mais à coup sûr hors ligne.

Le commissaire-priseur chargé de la vente,

MARIE.

CATALOGUE

DES TABLEAUX

OBJETS D'ART ET MEUBLES ANTIQUES

RÉUNIS PAR

M. LE MARQUIS COLBERT DE MAULEVRIER.

TABLEAUX ET GRAVURES.

TABLEAUX.

ECOLE DE SIENNE (14ᵉ siècle).

1 — La Sainte Vierge assise dans le haut du tableau, l'Enfant Jésus sur ses genoux; de chaque côté deux anges étendent derrière elle une draperie pourpre brochée d'or. Plus bas, quatre Saintes debout, avec le costume et les attributs d'autant d'ordres religieux; aux pieds de la Vierge, quatre petits anges jouant de divers instruments.
Peinture à fond d'or, d'une belle conservation.

<small>Bois. Hauteur 0,77, largeur 0,55. Cadre de l'époque de forme ogivale avec colonnettes, doré à neuf sur fond rouge et bleu, au bas duquel on lit, en capitales gothiques : *Ave, Maria, gratiâ plena, Dominus tecum.*</small>

ÉCOLE DE SIENNE (Fin du 14e siècle).

2 — La Sainte Vierge assise sur une estrade tient sur ses genoux l'Enfant Jésus, dans les mains duquel on remarque l'oiseau signe de l'âme ou de la vie. A gauche du groupe, saint Paul et saint Antoine se reconnaissent à leurs attributs; à droite saint Thomas et saint Jean l'évangéliste, une palmette à la main et un ange au-dessus de lui.

Ce tableau d'un bon sentiment religieux, et peint sur fond d'or, est très-bien conservé.

<small>Bois. Hauteur 0,70, largeur 0,40. Cadre ogival gothique avec colonnettes, doré à neuf sur fond bleu, portant cette inscription : Maria mater gratiæ.</small>

ÉCOLE FLORENTINE (1re moitié du 15e siècle).

3 — (Pl. I, *Fig. 1.*) — Deux Docteurs de l'Eglise latine, saint Ambroise et le pape saint Grégoire, peints en pied, le premier sur fond rouge et le second sur fond vert, ornés d'arabesques d'or d'une grande élégance et d'un très-beau style. D'une main saint Ambroise tient le fouet avec lequel il a frappé l'empereur Théodose, de l'autre le temple symbolique. Saint Grégoire se reconnaît à l'inspiration du Saint-Esprit, sous la forme d'une colombe.

<small>Bois. Hauteur 1,10, largeur de chaque sujet 0,50.</small>

MÊME ÉCOLE (Même époque).

4 — (Pl. I, *Fig. 2.*) — Deux autres Docteurs de l'Eglise latine, saint Jérôme et saint Augustin, peints sur fonds rouge et brun, dans les mêmes dispositions que les précédents, auxquels ils forment pendant; saint Jérôme, un livre ouvert à la main, est encore caractérisé par sa robe rouge. Saint Augustin se reconnaît à l'habit de son ordre.

Ces quatre belles et curieuses peintures, d'une grande finesse de ton et conservées, sont surmontées d'une décoration architecturale de gothique flamboyant, dont les piliers séparent les sujets. Elles ornaient la chapelle des Capucins d'Oristano en Sardaigne. Sacrifiées, en 1836, aux besoins d'une malheureuse restauration, un hasard favorable les fit passer aux mains de leur possesseur actuel.

Ces deux magnifiques panneaux dignes d'orner une riche chapelle ou de tenir un rang honorable dans une collection publique, pourront être vendus réunis ou séparés.

<small>Bois. Mêmes dimensions que les précédents. Cadres dorés pris dans les panneaux, et d'une bonne sculpture.</small>

GENTILE DA FABRIANO (15ᵉ siècle).

5 — **Nativité.** La Sainte Vierge, agenouillée et les mains jointes, contemple l'enfant Jésus qui repose sur un coussin et serre sur son cœur l'oiseau symbolique; à droite de la Vierge, saint Jean porteur d'une croix, en adoration; à gauche et derrière, saint Joseph assis et endormi. Ingénieuse et touchante inspiration du peintre, qui explique la présence du Saint à cette scène. Dans le haut du tableau, les bergers reçoivent la nouvelle de la naissance du Christ; un paysage tout mystique forme le fond de cette poétique composition dont toutes les têtes sont nimbées d'or.

Peinture fine, d'une harmonieuse expression de foi et de simplicité. — Bonne conservation.

<small>Bois. Hauteur 0,78, largeur 0,53. Cadre ogival doré à neuf sur fond bleu, avec cette inscription : *Gloria in excelsis Deo*.</small>

ALLORY dit LE BRONZINO (Florence 1535—1607).

6 — **L'Annonciation.** Un ange nimbé d'or, incliné devant la Vierge assise et également nimbée, lui annonce la naissance du Sauveur; de sa bouche sortent ces mots : *Ecce ancilla Domini*. A droite, dans le ciel, Dieu le Père préside à cette scène.

Reproduction hors ligne, quoique souvent répétée, de la fresque miraculeuse de l'Eglise de l'*Annunciata* de Florence. A la suave expression des têtes de la Vierge et de l'Ange, on reconnaît la main du maître. Des draperies pourpres, avec ce reflet jaune qui n'appartient qu'à Allory, confirment cette appréciation.—Belle conservation.

Toile. Hauteur 0,58, largeur 0,80. Cadre italien en bois sculpté et doré.

EMPOLI (Jacopo Chimenti da). — Ecole de Florence 1554—1640.

7 — (Pl. II.) — Guérison de Tobie.—« Raphaël dit à Tobie : Dès que
» vous serez entré dans votre maison, approchez-vous de votre père
» et lui donnez le baiser, et aussitôt frottez-lui les yeux avec ce fiel
» du poisson que vous portez avec vous, et assurez-vous qu'en
» même temps les yeux de votre père s'ouvriront, il verra la lumière
» du ciel et sera comblé de joie en vous voyant. Le père de Tobie,
» tout aveugle qu'il était, alla au-devant de son fils, il l'embrassa
» en l'accueillant, sa mère en fit de même; puis ayant adoré Dieu
» et lui ayant rendu grâce, ils s'assirent. Alors Tobie prenant du fiel
» de poisson en frotta les yeux de son père. » (*Livre de Tobie*, chap. *XI*.)

Cette composition d'un beau sentiment et d'un grand style rend fidèlement le passage de la Bible. L'ange Raphaël y figure en habit de voyageur. Personnages à mi-corps, grandeur de nature. — Bonne conservation.

Jacopo d'Empoli, peintre hautement estimé en Toscane est cependant peu connu en France; un seul tableau de lui, *la Vierge et l'Enfant Jésus*, figure au musée du Louvre. Son œuvre capitale, *la Fondation des Ecoles pies*, prend rang parmi les chefs-d'œuvre qui ornent le salon de la Minerve, galerie des Offices à Florence.

Toile. Hauteur 1,03, largeur 1,35. Riche et ancien cadre italien sculpté à jour et parfaitement doré. Largeur du cadre 0,35.

ÉCOLE VÉNITIENNE (Fin du 16ᵉ siècle).

8 — La Sainte Vierge portée sur un croissant que des chérubins soutiennent au milieu de nuages, joint les mains et contemple l'enfant Jésus couché sur ses genoux. Fond de lumière avec semis de têtes d'anges.

Charmante petite composition, belle de couleur, de délicatesse et de sentiment. — Conservation parfaite.

<small>Cuivre. Hauteur 0,21, largeur 0,15. Très-joli cadre de l'époque en ébène de forme architecturale et enrichi d'appliques en cuivre ciselé et doré.</small>

SOUTHERMANN (élève de Van-Dyck).

9 — Portrait de *Margarita Gambazini,* maîtresse de *Ferdinand II,* de la maison de Médicis, grand duc de Toscane.

Cette jeune femme peinte en pied, de grandeur naturelle, est coiffée en cheveux, suivant la mode des beaux jours de la cour de Louis XIV, et revêtue entièrement d'un costume italien de guipure. Un large pantalon à mi-jambes et une chaussure de forme singulière complètent ce riche et capricieux ajustement. De la main gauche, elle joue avec une chaîne d'or passée à son cou; la droite s'appuie sur une table surmontée d'un vase.

Peinture curieuse et conservée, détails d'une exécution très-soignée.

<small>Toile. Hauteur 1,83, largeur 1,16.</small>

MARINI (Antonio). — Peintre de Florence contemporain.

10 — La Madone au lys, médaillon rond. — La Vierge, agenouillée au milieu d'un paysage et près d'un lys, reçoit l'enfant Jésus qui se précipite dans ses bras.

Les angles de ce médaillon sont ornés d'arabesques imitant le bronze, des petits anges jouant de divers instruments, forment le motif principal de cette décoration.

Cette suave composition, où respire le sentiment religieux, rappelle le style de Raphaël. Elle a été répétée par le peintre pour Léopold, grand duc actuel de Toscane, sur la demande de son Altesse Impériale, et du consentement de M. de Maulévrier.

<small>Toile. Diamètre 0,90. Riche cadre italien en bois sculpté et doré.</small>

OUVRAGES A GRAVURES ET GRAVURES.

11 — Histoire de l'Art par les monuments, depuis sa décadence au IVe siècle jusqu'à son renouvellement au XVIe, pour servir de suite à l'Histoire de l'Art chez les anciens, par Seroux d'Agincourt. *Paris, Treuttel et Würtz* 1823, 6 vol. gr. in-f°, 3 de texte et 3 de planches; demi-reliure en lustrine.

<small>Ouvrage d'un grand mérite, orné de 325 planches gravées; commencé en 1811 et terminé seulement en 1823. Très-bel exemplaire.</small>

12 — Monographie de la Cathédrale de Bourges, par les PP. Martin et Charles Cahier. *Paris, Poussielgue-Rusand* 1841-44. In-f° maximo, demi-reliure de Paris, dos en peau de truie.

<small>Magnifique ouvrage orné d'un très-grand nombre de planches imprimées en couleurs et d'une très-belle exécution. Superbe exemplaire sur fort papier vélin.</small>

13 — Galerie de Florence. Tableaux, Statues, Bas-reliefs et Camées de la Galerie de Florence et du palais Pitti, dessinés par Wicar, et gravés sous la direction de Lacombe et Masquelier, avec les explications par Mongèz l'aîné. *Paris* 1789-1821. Gr. in-f° en feuilles.

<small>Recueil intéressant au point de vue de l'art, composé de 50 livraisons de chacune 4 planches gravées; la 17e manque.</small>

14 — Album gr. in-f° demi-reliure, contenant neuf gravures, savoir: Deux Vues, l'une de Paris, l'autre de la rue Neuve de Nancy; une

marche de Bohémiens, et la Tentation de saint Antoine: eaux fortes par Callot, et cinq planches en bois, anciennes épreuves, faisant partie de la grande Passion et de l'Apocalypse d'Albert Durer.

SCULPTURES EN TERRE CUITE.

ROBBIA (Luca della). — Florence 1450.

15 — (Pl. III.) — Bas-relief saillant en faïence coloriée. St-Georges à cheval, couvert d'une *curieuse* armure bleue, symbole de la foi, terrasse le dragon de l'hérésie et délivre la vierge de Bythinie, personnification de l'Eglise. Le monstre écrasé par le bouclier blanc emblème de la lumière que lui présente le saint, se débat impuissant dans son agonie.

Sujet légendaire, traité dans le style d'une époque plus reculée, mais avec plus de mouvement et de vigueur. On le rencontre pour la première fois parmi les œuvres du maître. — Très-bonne conservation.

Largeur 0,35, hauteur 0,43. Beau cadre en bois noir guilloché; travail allemand de la première moitié du 17e siècle.

ROBBIA (Le même).

16 — (Pl. IV.) — Adoration des Mages. Grand bas-relief en faïence coloriée. La Vierge assise soutient l'enfant Jésus debout sur ses genoux et le présente à l'adoration des Mages. A ses côtés, saint Joseph, la tête inclinée, reçoit leurs présents. Un groupe de personnages, bien agencé et d'un beau style, entoure les mages. Le fond de ce bas-relief représente l'étable de Bethléem et un paysage animé de cavaliers. Dans le ciel on remarque (idée ingénieuse) deux anges soutenant l'étoile qui dirigeait les voyageurs.

La figure qui accompagne le catalogue nous dispense d'analyser plus longuement cette composition magnifique et de la meilleure époque du maître. C'est, à coup sûr, le monument de ce genre le plus important qui existe en France. Les Musées du Louvre et de Cluny, si riches à d'autres égards, n'offrent rien qui lui soit comparable. On peut s'en convaincre, en examinant les moulages en plâtre faits sur ce bas-relief, et donnés par M. de Maulévrier aux églises de St-Germain-l'Auxerrois de Paris et de Notre-Dame d'Angers.

Quoique cette œuvre ait souffert, l'émail en est généralement bien conservé. Malheureusement il n'existe que quelques fragments de l'entourage donné par le dessin.

Dimensions sans la bordure, hauteur 1,65 ; largeur 1,36

ROBBIA (Ecole des). — Fin du 16e siècle.

17 — Saint François recevant les divins stigmates. Groupe de ronde bosse en faïence coloriée. Le Saint, agenouillé et les bras tendus, contemple la céleste apparition fixée par l'artiste sur un fond de rocher.

Pièce d'un bel émail et d'une bonne conservation, sauf deux doigts fracturés à la main droite.

Hauteur 0,30, largeur 0,40.

PINELLI (père).

18 — Groupe en terre cuite signé et daté : Rome 1833. Deux Pifferari debout jouent de leurs instruments, une jeune femme, dans le costume des contadines de Rome, les écoute assise ; à ses pieds, un enfant joue avec un chien.

Ce bas-relief révèle le talent à la fois si vrai et si facile de l'auteur. Pinelli, en même temps sculpteur et graveur, véritable Callot transteverin, a laissé à Rome une réputation populaire, méritée dignement par ses œuvres. Les productions de cet artiste, déjà fort recherchées de son vivant, ont encore augmenté de faveur depuis sa mort.

<small>Hauteur 0,30, largeur 0,40.</small>

PINELLI (le même).

19 — Famille de Paysans italiens endormis. Groupe en terre cuite, également signé et daté. Une jeune femme tenant son enfant sur son sein, repose son coude et sa tête sur la cuisse de son mari, assis et endormi; auprès de ce dernier un chien veille à la sûreté de ses maîtres.

Délicieuse composition pleine de grâce et de naturel.

Ces deux groupes ont été faits sur la demande de M. de Colbert, ainsi que le témoigne son nom inscrit dans la terre.

<small>Hauteur 0,25, largeur 0,32.</small>

PINELLI (le même).

20 — Petit groupe en terre cuite et signé. Jeune femme assise et jouant avec un chien.

<small>Hauteur et largeur 0,15.</small>

MEUBLES SCULPTÉS ET BOIS DORÉS.

MEUBLES SCULPTÉS.

21 — (Pl. V.) — Grand cadre de miroir en bois de noyer sculpté. Travail italien du commencement du XVIe siècle.

Dans ce meuble, d'une dimension capitale, on distingue un cul-de-lampe orné de têtes fantastiques, de volutes et de feuillages; au centre, deux génies ailés supportent un écusson en blanc. Deux pilastres, avec chapiteaux corinthiens, entièrement chargés de délicates arabesques, sont réunis par deux frises décorées de chimères, de génies, d'oiseaux et de feuillages. Le jour de ce cadre, occupé par une glace moderne, est formé par un arc en plein cintre retombant sur deux jambages adossés aux pilastres, et d'un travail analogue. Un beau fronton, à l'ornementation duquel concourent des figures de femmes et un cartouche vide, supporté par un personnage de face, couronne ce meuble, aussi remarquable par la vigueur et l'unité du style que par la richesse de l'exécution.—Conservation parfaite.

Hauteur 2,50, largeur 1,10.

22 — (Pl. VI.) — Autre Cadre du même genre, en bois de noyer sculpté. Travail de la même époque.

Ce cadre, aussi capital que le précédent, également conservé et d'une exécution peut-etre encore supérieure, a été disposé en étagère au moyen d'archivoltes cintrées d'un travail plus récent, supportées par d'élégantes cariatides. Les pilastres et la frise du milieu s'ouvrent par un mécanisme adroitement dissimulé dans les ornements, et découvrent trois cachettes. Un cul-de-lampe, de sculpture énergique et belle, termine le meuble. A la partie supérieure, une galerie, coupée à jour, remplace le fronton qui existait primitivement.

Hauteur 2,00, largeur 1,00.

23 — (Pl. VII, *Fig. 1.*) — Pilastre en bois de noyer, avec base et chapiteau, entièrement couvert de sculptures aussi délicates qu'élégantes. Travail italien du commencement du XVIe siècle.—Superbe conservation.

Les côtés de ce beau fragment de meuble, ont été utilisés par l'application moderne, et sur fond de métal, d'un baromètre à cuvette et d'un thermomètre.

<small>Hauteur 1,05, largeur 0,14.</small>

24 — Très-beau cadre de miroir, en bois noir richement guilloché, rempli par une glace moderne. Travail allemand du commencement du XVIIe siècle.

<small>Hauteur 1,17, largeur 0,98. Largeur du cadre 0,26.</small>

25 — (Pl. VIII.) — Grande armoire à deux corps et à quatre portes, en bois de noyer sculpté en ronde bosse et de haut relief. Travail italien du XVIe siècle.

Le premier étage de ce meuble s'appuie sur quatre griffes. Trois fortes cariatides, deux aux angles, l'autre au milieu, avec coulisse à secret pour déguiser l'entrée de la serrure, séparent les vanteaux du premier étage. Celui-ci est couronné par une plinthe décorée de trois têtes en ronde bosse, formant deux tiroirs, ornés chacun de guirlandes de fleurs et de fruits, reliées au milieu par une tête de bélier servant de bouton. Au second étage, dispositions analogues; dans la cariatide du milieu, la langue mobile d'un mascaron grimaçant dissimule également l'entrée de la serrure. Des chimères, des mascarons et des arabesques en relief, décorent les quatre panneaux de la face antérieure; les retours, séparés par deux cariatides et six consoles, présentent des ornements plats. Une corniche bien profilée, avec modillons et pendentifs, couronne ce meuble, sur lequel règne en outre une galerie coupée à jour.

Toutes les moulures de ce rare et magnifique morceau, aussi intact que parfaitement conservé, sont entièrement et richement sculptées.

<small>Premier corps, hauteur 1,03, largeur 1,55. — Second corps, hauteur 1,12, largeur 1,40</small>

26 — (Pl. IX, *Fig 1.*) — Grand buffet de salle à deux portes, en bois de noyer sculpté, flanqué de trois cariatides d'un beau style. Deux forts mascarons au centre des panneaux; base et frises à moulures sculptées.

Travail italien et conservé du commencement du XVIIe siècle.

Hauteur 1,25, longueur, 1,95, largeur 0,75.

27 — (Pl. X.) — Très-grand lit de maître, en bois sculpté, à quatre colonnes torses ornées, et ciel avec corniche en menuiserie, couronnée d'une galerie à jours.

Commencement du XVIIe siècle. La garniture intérieure de ce lit pourra y être réunie.

Hauteur 3,05, longueur 2,25, largeur 1,85.

28 — (Pl. XI, *Fig. 1.*) — Table rectangulaire en bois de noyer sculpté. Travail italien de la fin du XVIe siècle.

Deux piliers, en forme de doubles consoles, terminés par quatre griffes appuyés sur des mascarons, et réunis par une élégante plate-bande, forment les pieds de cette table. Ils supportent une frise dans laquelle existent deux tiroirs. Ces diverses parties sont décorées sur toutes faces de riches ornements sculptés en relief. Le dessus du meuble est recouvert d'un cuir, fixé par des clous dorés. — Intacte.

Hauteur 0,83, longueur 1,22, largeur 0,82.

29 — (Pl. XII.) — Autre table rectangulaire en bois de noyer; fin du XVIe siècle.

Quatre piliers reposant sur deux traverses, portées par des chiens couchés, et réunies par un entre-jambe prismatique, supportent une frise ornée aux angles de mascarons et de pendentifs. Trois balustres garnissent la traverse du milieu, dont la face et celle de la frise présentent deux bas-reliefs de paysages et d'animaux.

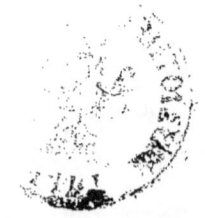

L'intérieur de ce meuble a été disposé en secrétaire au moyen de charnières et de coulisses.

<small>Hauteur 0,97, largeur 0,70, longueur 1,18.</small>

30 — (Pl. XIII.) — Table octogone en bois de noyer. Travail italien de la fin du XVIe siècle.

Trois grosses consoles, richement sculptées en relief et terminées par des pieds de lions, forment une base, sur laquelle règne une ceinture également sculptée, dans laquelle quatre tiroirs sont pratiqués. Le dessus de cette table offre huit compartiments en marqueterie d'une exécution plus récente, groupés en rosace autour des armoiries de la famille *Corsini* de Florence, à laquelle ce meuble a appartenu.

<small>Diamètre 1,35, hauteur 0,85.</small>

31 — Table rectangulaire en ébène, avec têtes variées et rosaces aux quatre angles, supportée par un fort balustre à huit pans, chargé de moulures. — Travail moderne.

Une mosaïque, sur fond d'albâtre oriental, entourée de quarante échantillons de jaspes et d'agates de Sicile, avec autant de morceaux de marbre vert serpentin, disposés en damier, forme le dessus de cette table, autour de laquelle règne en outre une frise de marbre blanc incrustée de quatre bandes de rouge antique. Au centre, on remarque un très-beau Labrador, autour duquel diverses pierres, telles que jaspes, cailloux d'Egypte, agates, calcédoines, aventurines, lapis-lazuli, purpurine vraie et autres, viennent se grouper symétriquement.

<small>Hauteur 0,83, longueur 1,45, largeur 0,85.</small>

32 — (Pl. XIV, *Fig. 1.*) — Une paire de coffres, forme de sarcophage, en bois de noyer sculpté. Très-beau travail italien de la première moitié du XVIe siècle.

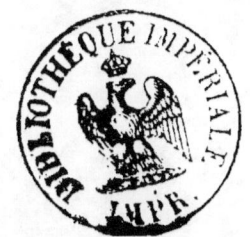

Quatre griffes soutiennent une puissante moulure chargée d'ornements; dans la hauteur des meubles les angles sont formés par des cariatides de femmes ailées. Au centre des panneaux de face, un cartouche entouré d'animaux chimériques, d'oiseaux, de fleurs et de feuillages, hardiment fouillés. Les panneaux des côtés sont également sculptés.

Ces coffres dits *de mariage*, d'un beau noyer fin, et d'un haut relief, sont parfaitement conservés. Quoiqu'il soit très-rare de les rencontrer par paire, ils pourront être vendus séparément.

Hauteur 0,72, longueur 1,65, largeur 0,55

33 — (Pl. XV.) — Siége long avec bras et dossier, ou canapé, composé de meubles et de parties de meubles sculptés, appartenant tous à la seconde moitié du XVIe siècle.

Sur une estrade sculptée dans son pourtour, repose un coffre italien de même forme que les précédents, et formant siége. Deux cariatides de femmes se détachent aux angles antérieurs de celui-ci; des mascarons, des cartouches, des rosaces et des draperies, habilement disposés, ornent la façade et les côtés. Un panneau principal avec rosaces et guirlandes, encadré dans deux petits panneaux de mascarons, forme le dossier que couronne un fronton sculpté à jour. Deux bras de feuillages, terminés par des volutes, réunissent le siége au dossier.

Toutes les parties de ce meuble richement sculptées de haut relief, et heureusement harmonisées, concourent à lui donner un aspect sévère et grandiose.

Longueur 1,65, hauteur de l'estrade 0,15, hauteur du siége 0,55, hauteur du dossier 0,70.

34 — Grand coffret de toilette en marqueterie vénitienne du XVe siècle.

Sur toutes ses faces, il est décoré d'incrustations d'os dessinant des fleurs, des volutes et des rosaces; l'intérieur est garni de tiroirs et de compartiments de même travail. Ferrure de l'époque.

<small>Hauteur 0,24, longueur 0,65, largeur 0,42.</small>

35 — (Pl. XI, *Fig. 2.*) — Ecrin ou Cassette à bijoux en bois de noyer sculpté. Travail italien du XVIe siècle.

Ce petit meuble, de forme très-heureuse, à dessus convexe, repose sur quatre griffes; il est orné sur toutes les faces de moulures bien profilées et entièrement couvertes d'ornements délicatement sculptés. L'amortissement qui forme le dessus du couvercle s'ouvre à coulisse et formait baguier, également sculpté à l'intérieur. — Conservation parfaite.

<small>Hauteur 0,20, longueur 0,40, largeur 0,33.</small>

36 — Petit Cabinet en ébène et marqueté en ivoire tant à l'extérieur qu'à l'intérieur. Travail allemand de la première moitié du XVIe siècle.

Ce joli petit meuble s'ouvre à deux portes et est garni à l'intérieur de onze tiroirs également incrustés. Il est surmonté d'un baguier à coulisses et terminé à la base par un tiroir. — Très-belle conservation.

<small>Hauteur 0,24, largeur 0,22</small>

37 — (Pl. VII, *Fig. 2.*) — Ecran en bois de noyer, avec cariatides, guirlandes et fronton sculptés, composé de fragments de meubles du XVIe siècle.

<small>Hauteur 1,00, largeur 0,65.</small>

38 — (Pl. VII, *Fig. 3.*) — Deux Torchères en bois sculpté et d'un bon style. Travail italien du XVIIe siècle.

<small>Hauteur 1,05.</small>

39 — Grand Siége italien en bois de noyer et à bras, avec siége et

dossier couvert en damas rouge fixé par de larges clous dorés. Il est surmonté de deux palmettes dorées. Commencement du XVIIe siècle.

40 — Un Siége à bras en bois de noyer, avec montant tors et sculptures. Epoque de Louis XIII.

41 — Deux Chaises en bois dur sculpté et verni en noir, avec siége et dossier en cuir fauve. Commencement du XVIIe siècle.

42 — Deux autres Siéges du même genre des précédents, mais moins ornés; même garniture et même époque.

43 — Six Fauteuils italiens en bois de noyer sculpté. Première moitié du XVIIe siècle.

Ces fauteuils, tous pareils, sont d'une forme peu commune et en très-bon état; les panneaux des dossiers ainsi que la garniture des siéges sont recouverts en ancien damas rouge, très-frais. Ils proviennent de l'Académie de Sienne.

44 — Quatre Chaises semblables, de travail analogue aux précédents; siéges également garnis, dossiers en bois. Même époque, même provenance.

45 — (Pl. XVI.) — Trois élégantes Chaises en bois de noyer tourné et sculpté, avec sièges et dossiers en lampas vert et blanc. XVIIe siècle.

46 — Deux autres Chaises semblables couvertes en beau et ancien damas rouge.

47 — (Pl. IX, *Fig. 2.*) — Horloge portative, avec quantièmes et sonnerie à répétition, montée en ébène, avec riches ornements en cuivre doré. Epoque de Louis XIII.

Cette horloge, ayant appartenu au roi Murat, a été achetée par le propriétaire actuel à la vente de la comtesse de Lipona, sa veuve, morte à Florence en 1839.

BOIS DORÉS.

48 — Grand et magnifique Cadre de glace en bois sculpté et découpé à jour avec riches enroulements de feuillages. Travail italien du XVIIe siècle; doré à neuf.

<small>Dimension du jour: hauteur 1,83, largeur 1,16, largeur de la bordure 0,56.</small>

49 — Riche cadre italien de glace ou de tableau en bois sculpté et découpé à jour, de même travail et de même époque que le précédent; doré à neuf en Italie.

<small>Dimension du jour : hauteur 0,82, largeur 0, 95, largeur de la bordure 0,32.</small>

50 — Bénitier en bois sculpté, à feuillages de haut relief. Beau travail italien du XVIIe siècle. Même dorure que le précédent.

<small>Hauteur 0,45, largeur 0,22.</small>

51 — Cadre Reliquaire ovale en bois sculpté et de haut relief, garni d'une glace en cristal Chevé. Même travail, même époque et même dorure.

<small>Hauteur 0,38, largeur 0, 34.</small>

52 — Jolie Console en bois sculpté et doré à neuf. Travail italien de l'époque de Louis XIV.

<small>Hauteur et largeur 0,35.</small>

53 — Autre Console d'une seule pièce, également sculptée et dorée, mais d'un travail plus simple et plus récent.

<small>Hauteur et largeur 0,25.</small>

PORCELAINES ET OBJETS DIVERS.

PORCELAINES DE CHINE ET DU JAPON.

54 — Une grosse potiche avec couvercle, en vieille porcelaine de Chine, decorée en bleu sur fond blanc.

55 — (Pl. XIV, *Fig. 2.*) — Deux pots à fleurs, de forme hexagonale, même porcelaine. Décors fleurs et or.

56 — Bouteille en vieux chine bleu et blanc.

57 — Autre Bouteille, de même genre, mais plus petite.

58 — Deux beaux et grands vases en porcelaine de Chine, en forme de bouteilles à anses, richement décorés de figures et de paysages sur fond céladon.

59 — Deux pots à fleurs en vieille porcelaine du Japon. Pendant du N° 55.

60 — (Pl. XIV, *Fig. 3.*) — Belle Potiche, en même porcelaine, avec ornementation de fleurs et d'or.

61 — Deux Potiches, en même porcelaine; fond bleu, ornements dorés.

62 — Deux autres Potiches semblables; un des couvercles est fracturé, l'autre manque.

63 — Deux grands Plats, forme bol, en porcelaine vieux Japon, avec ornements d'or sur fond bleu.

64 — Deux grands Plats creux, en même porcelaine, décorés de fleurs et d'or sur fond blanc.

65 — Deux autres grands Plats, dissemblables, même porcelaine même décor.

66 — Deux Plats creux, moyens, même porcelaine, même décor.

67 — Deux Plats creux à bords gaudronés, même porcelaine, même décor.

68 — Deux petits Plats et une Assiette, en porcelaine du même genre

69 — Quatre Assiettes semblables, même matière.

70 — Deux Boîtes à thé en vieux Japon décoré, avec bouchons en argent.

OBJETS DIVERS.

71 — Deux grands Cornets en faïence de Rouen, avec décors en fleurs bleues sur fond blanc; l'un d'eux fragmenté.

72 — Très-belle Boîte de pistolets de combat, de Charles Lacaille avec canons sur pivots et trois paires de chambres mobiles et de rechange.

73 — Boîte à thé en laque moderne, garnie de deux flacons en étain gravé.

74 — Belle Boîte à jeu, avec compartiments à l'intérieur, même laque.

Pl. I.

Cat.gue Nos 1, 2, 3, 4.

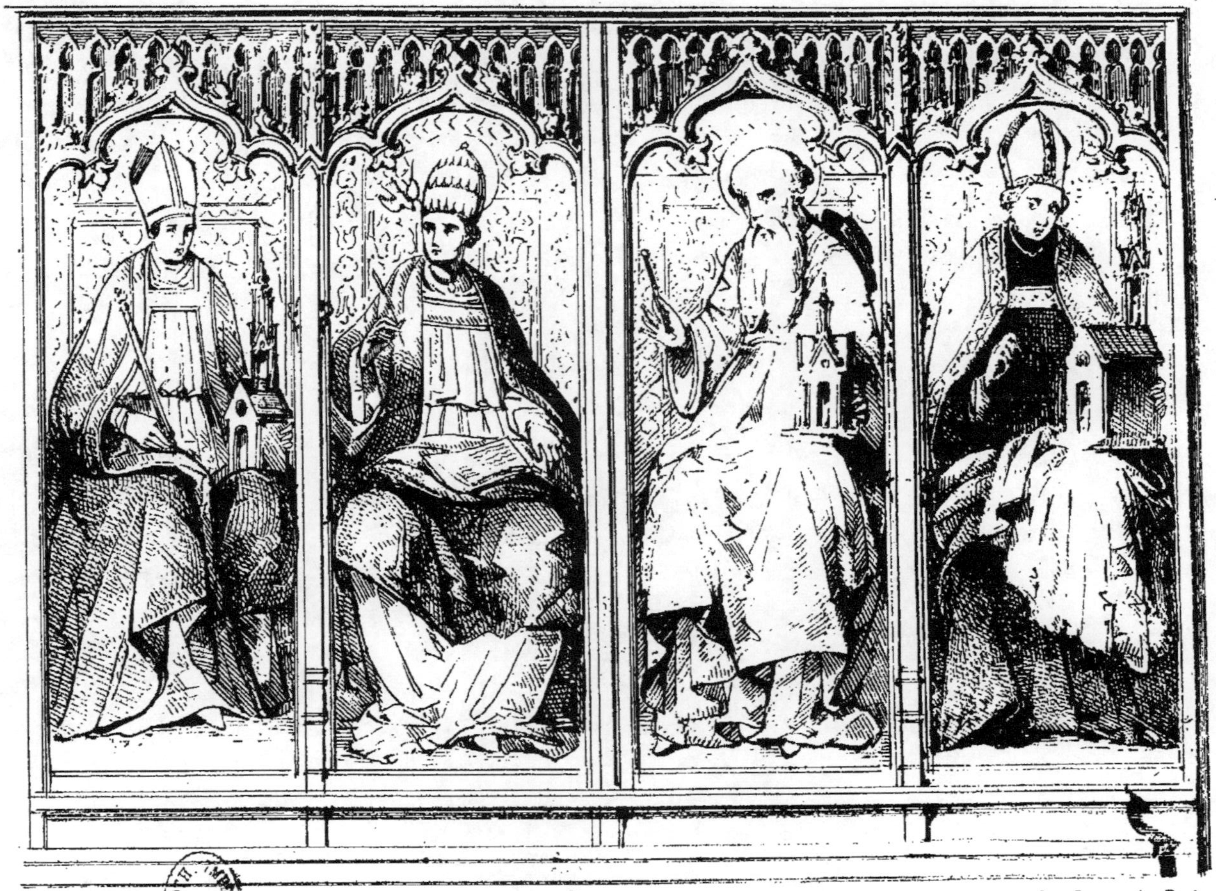

Imp. Lemercier, Paris.

Julienne, lith.

Pl. 2. Cat.⁵ᵘᵉ N° 7. A. Boiland, Lith.

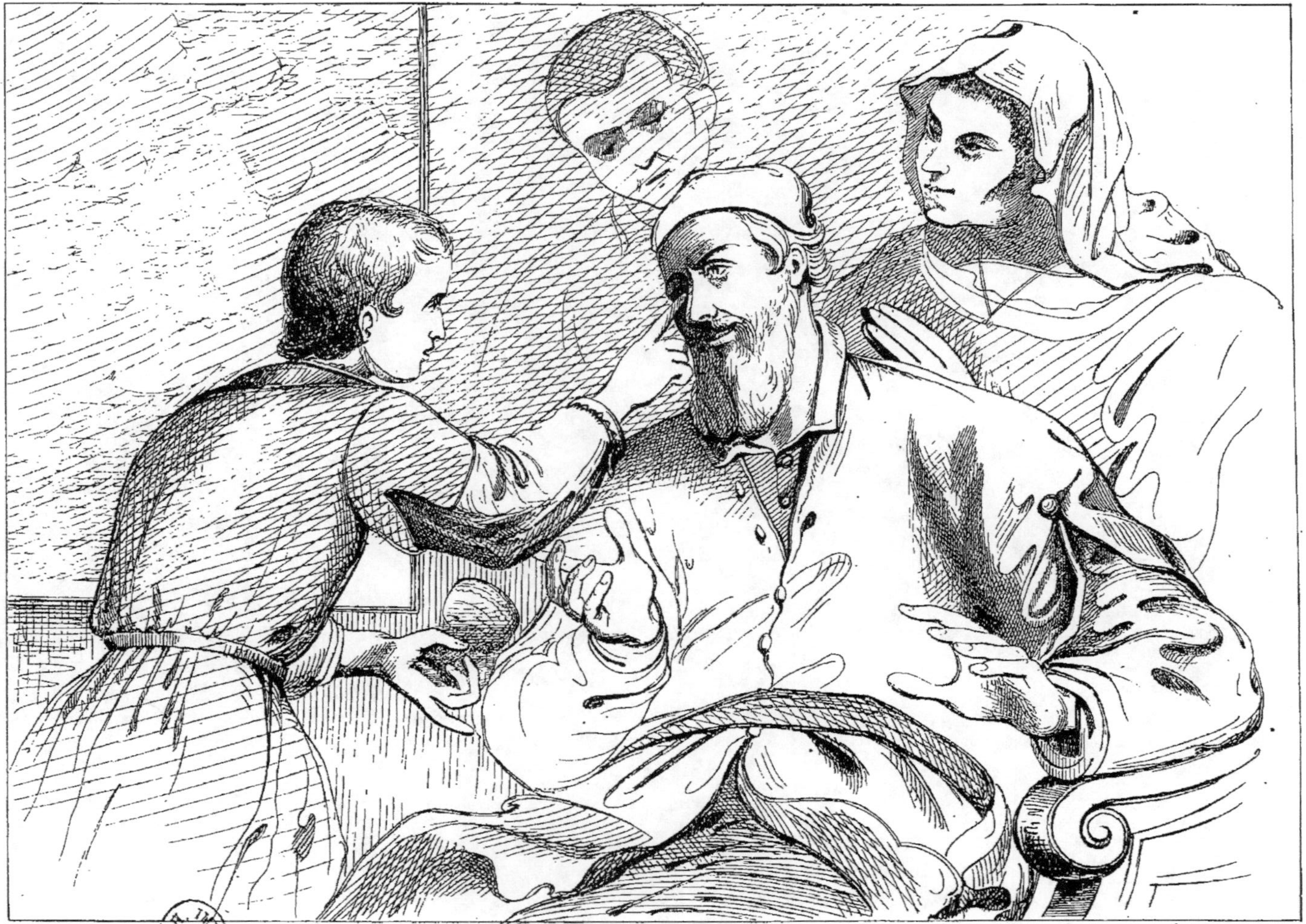

Dessiné par Lhuillier. Lith. E. Barassé, Angers.

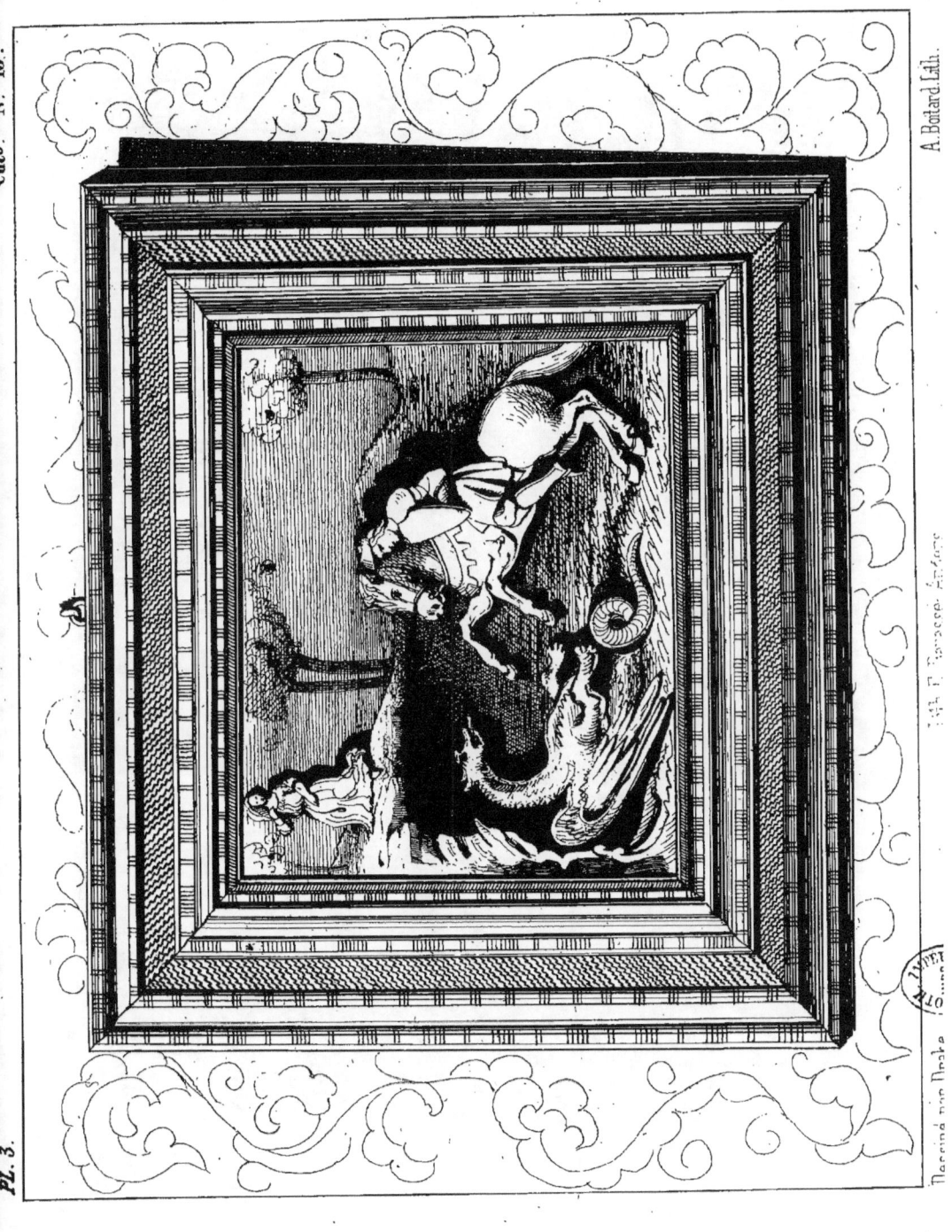

PL 4.   Cat.^{gue} N° 16.

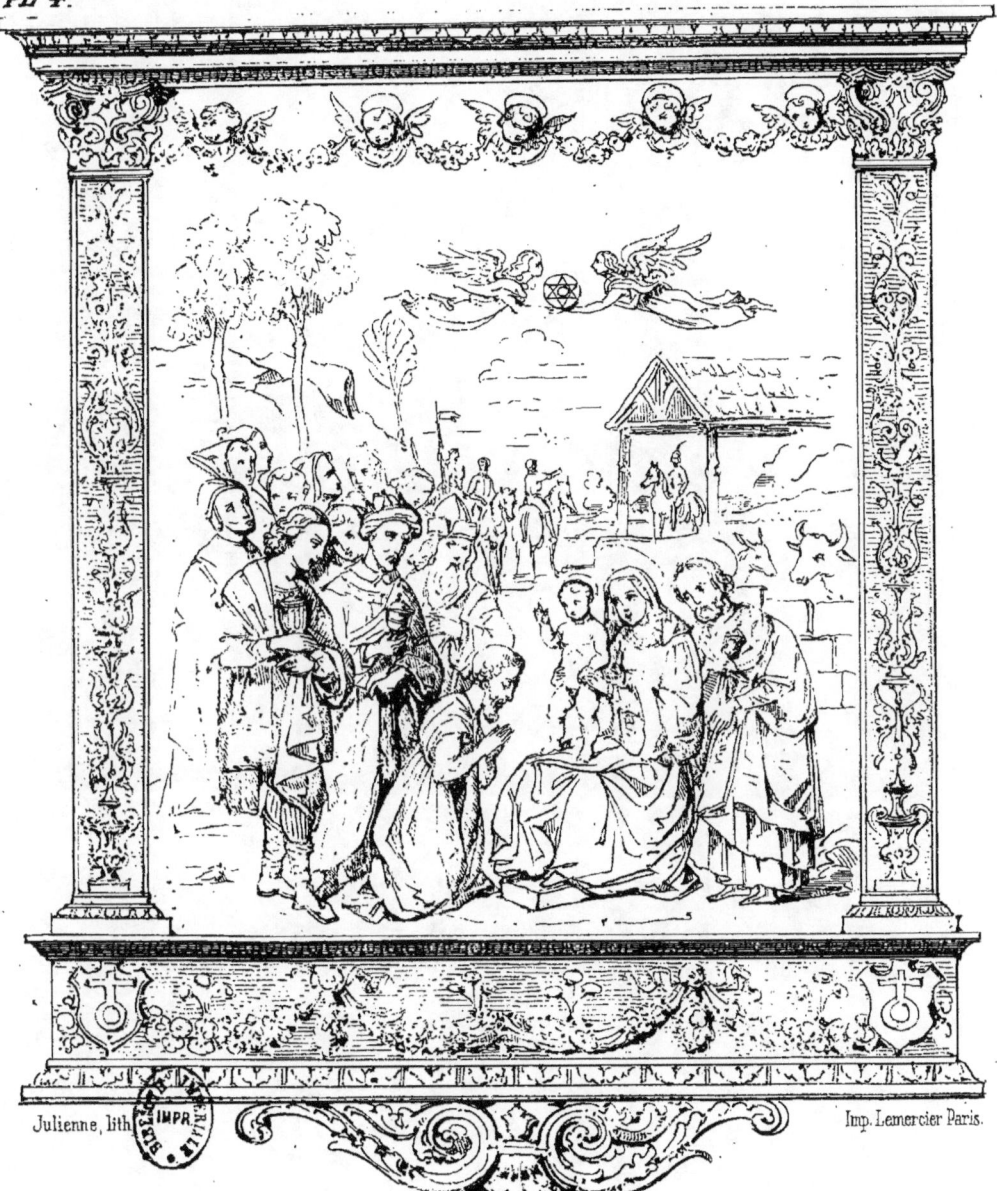

Julienne, lith.   Imp. Lemercier Paris.

PL. 5. Cat.gue No. 21.

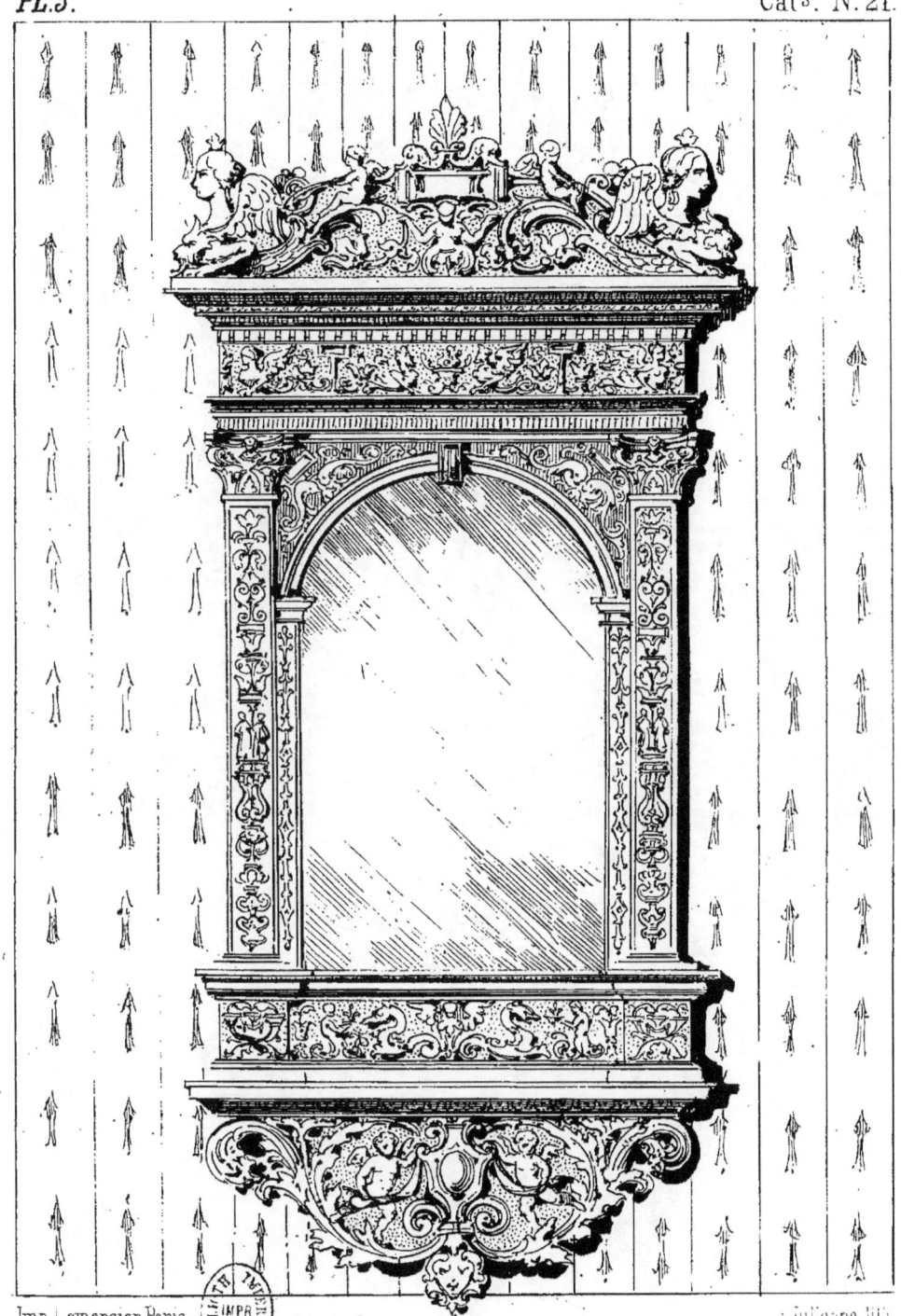

Imp. Lemercier, Paris. Julienne lith.

PL. 6.   Cat.gue N.º 22.

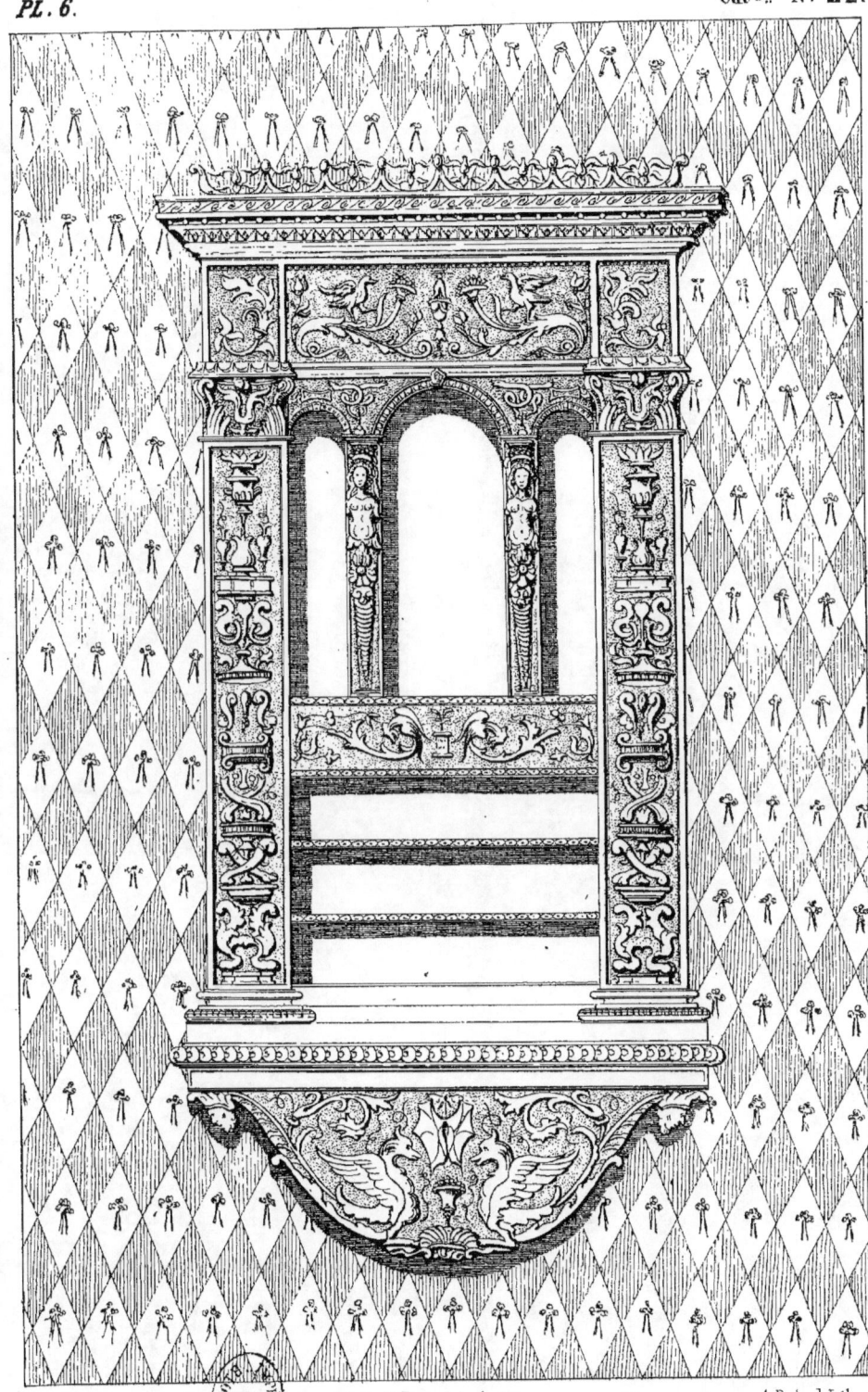

Dessiné par Drake.   Lith. E. Barassé, Angers.   A. Boitard, Lith.

PL. 7.   Cat.^{ogue} N°s 23. 37 & 38.

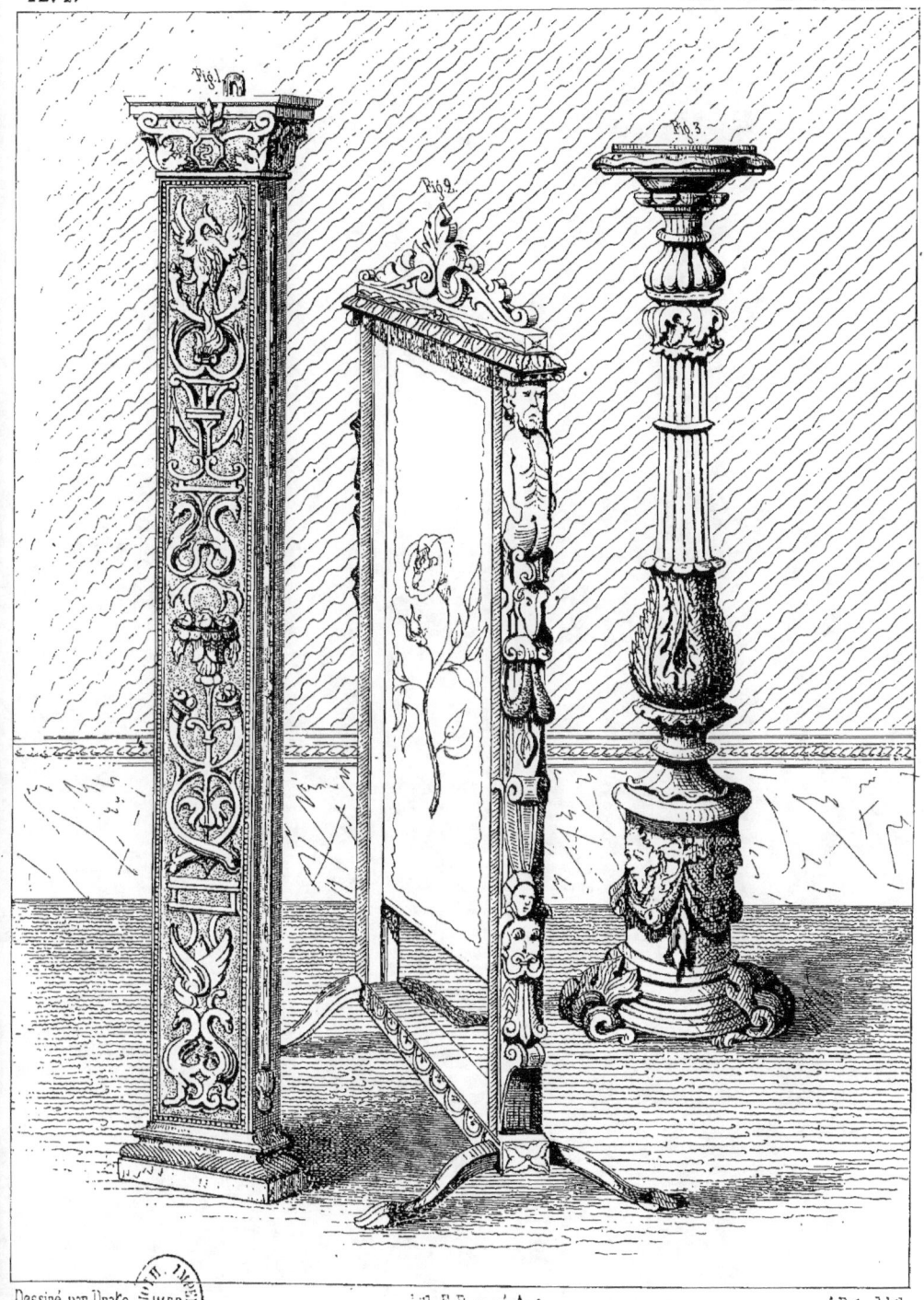

Dessiné par Drake.   Lith. F. Barassé, Angers.   A. Boilard, Lith.

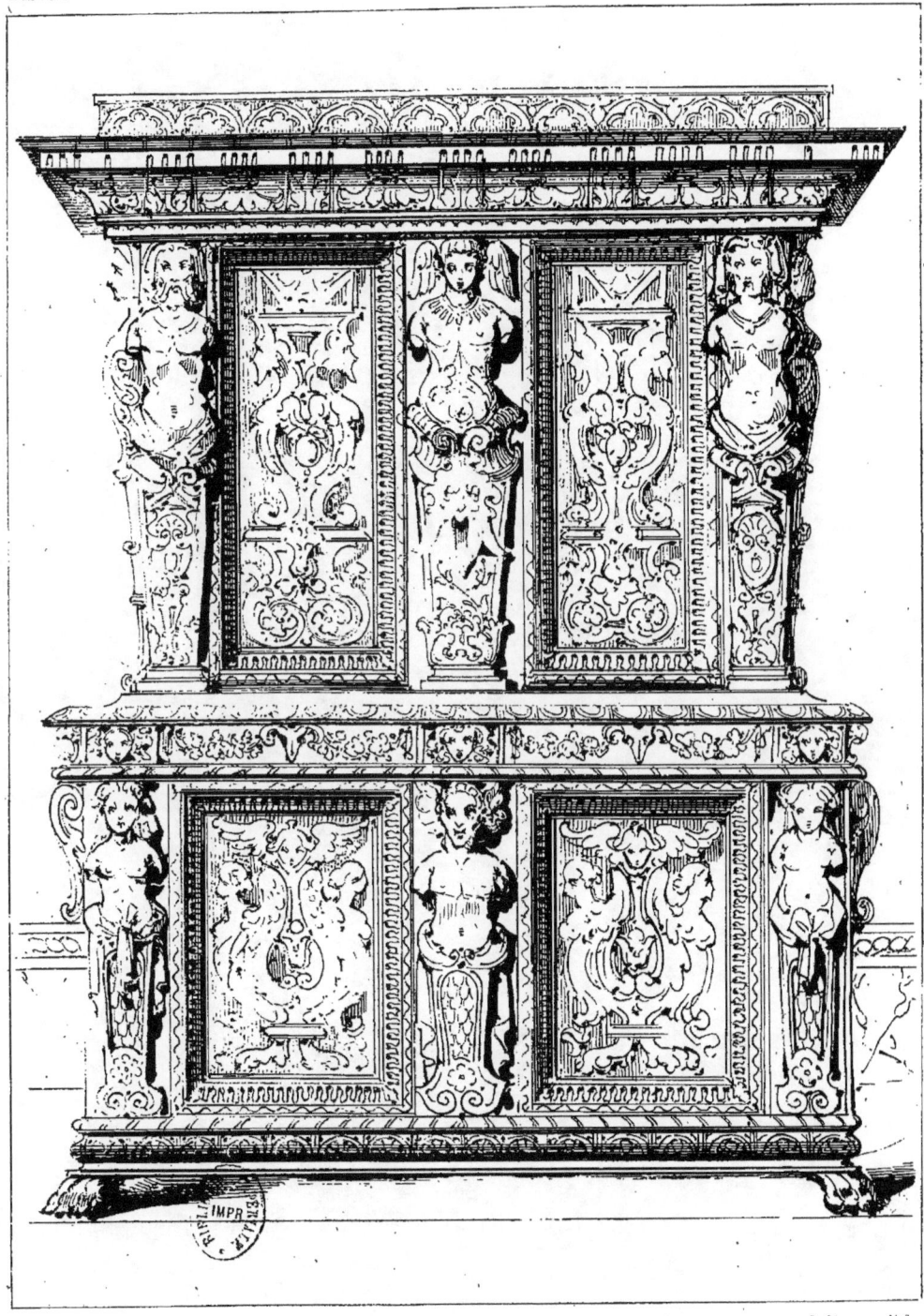

Imp Lemercier Paris — Julienne lith

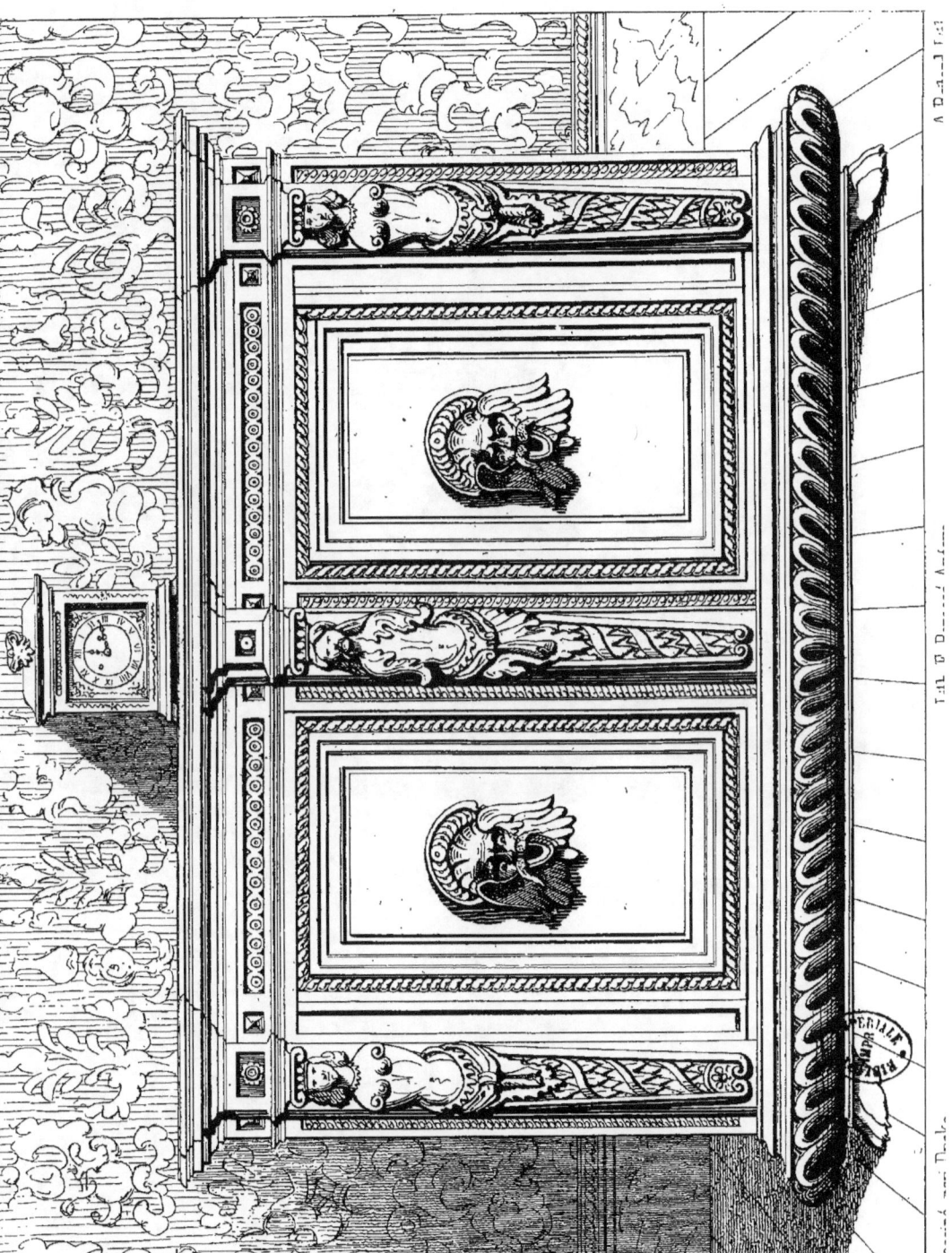

Cat.ᵍᵘᵉ Nº 27.

PL. 10.

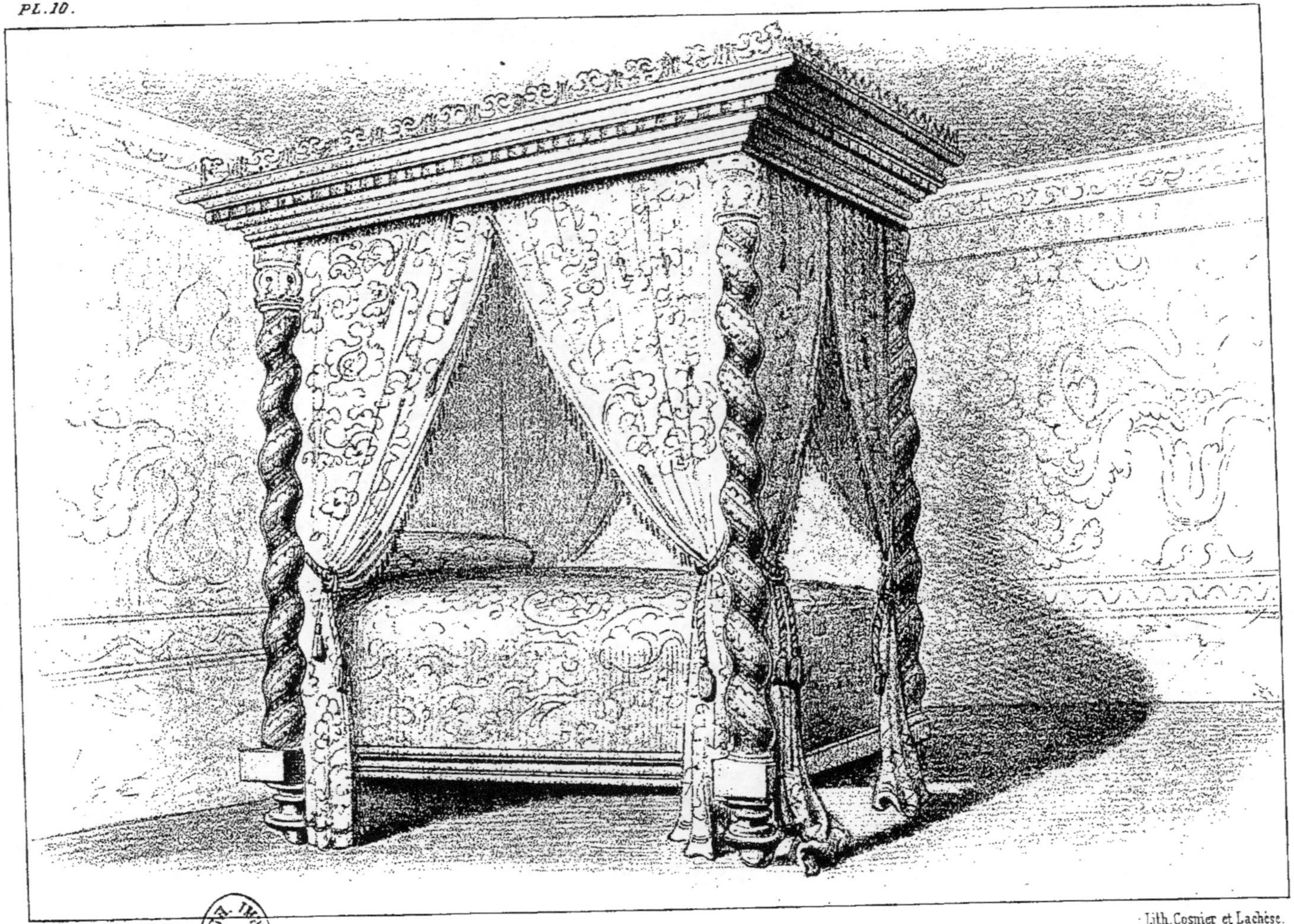

Dessiné par Drake.

Lith. Cosnier et Lachése.

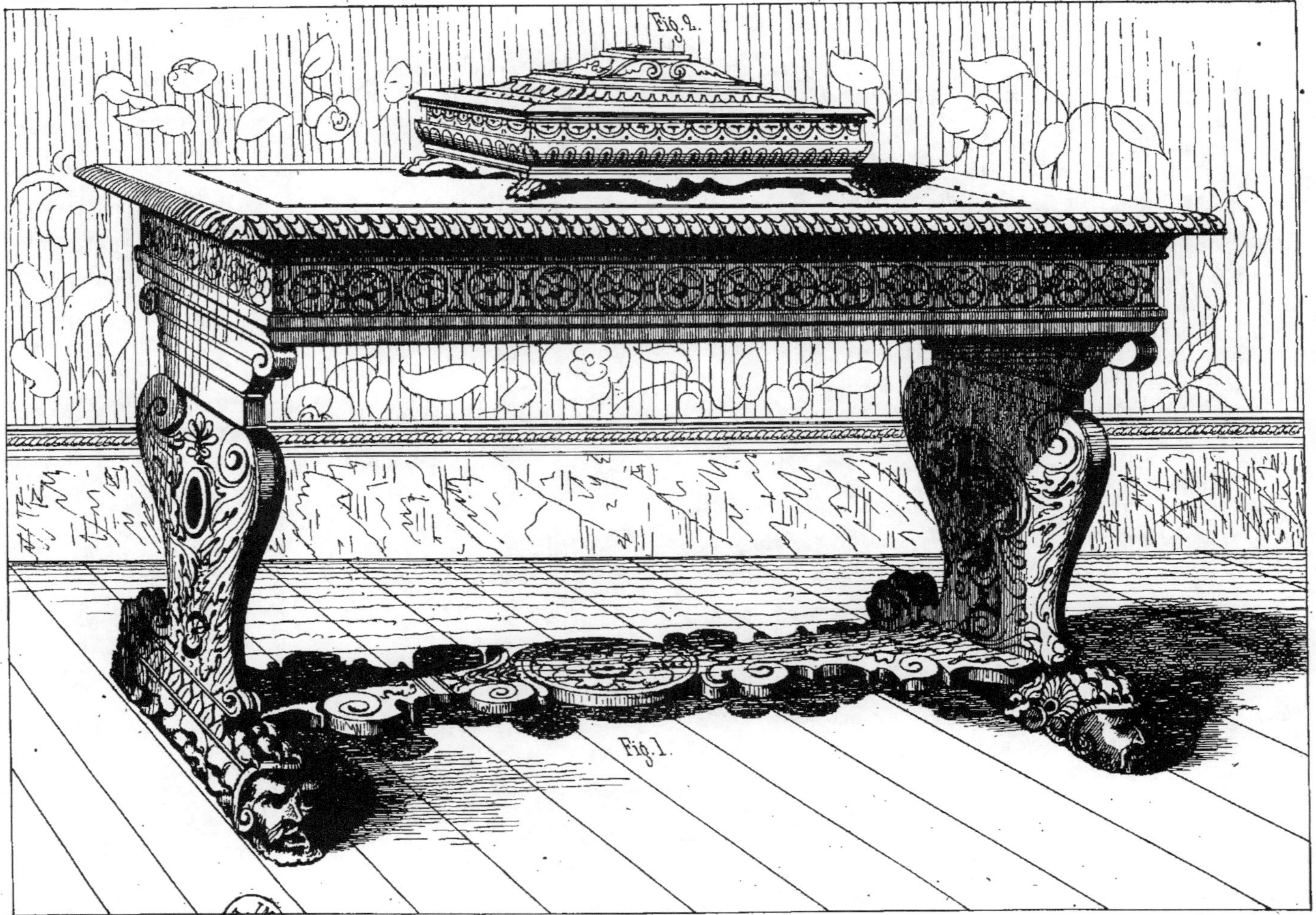

Pl. II.

Cat 5ème Nos 28 à 35.

Fig. 2.

Fig. 1.

Dessiné par Drake.

Lith. E. Barassé, Angers.

A. Bédard, Lith.

PL. 12.
N° 29 du Catalogue.

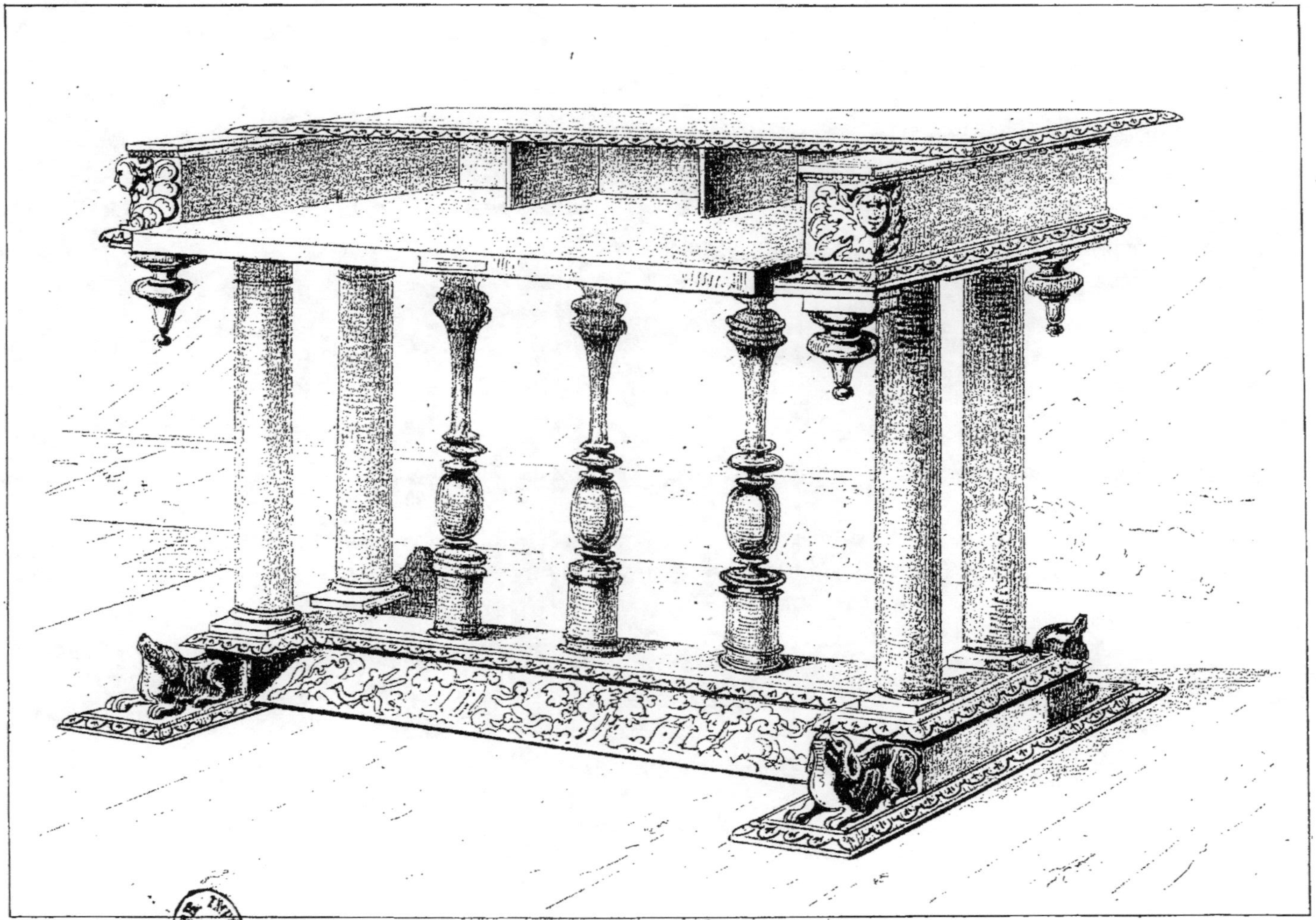

Dessiné par Drake.
Lith. Cosnier et Lachèse.

PL. XIII.

N° 30 du Catalogue.

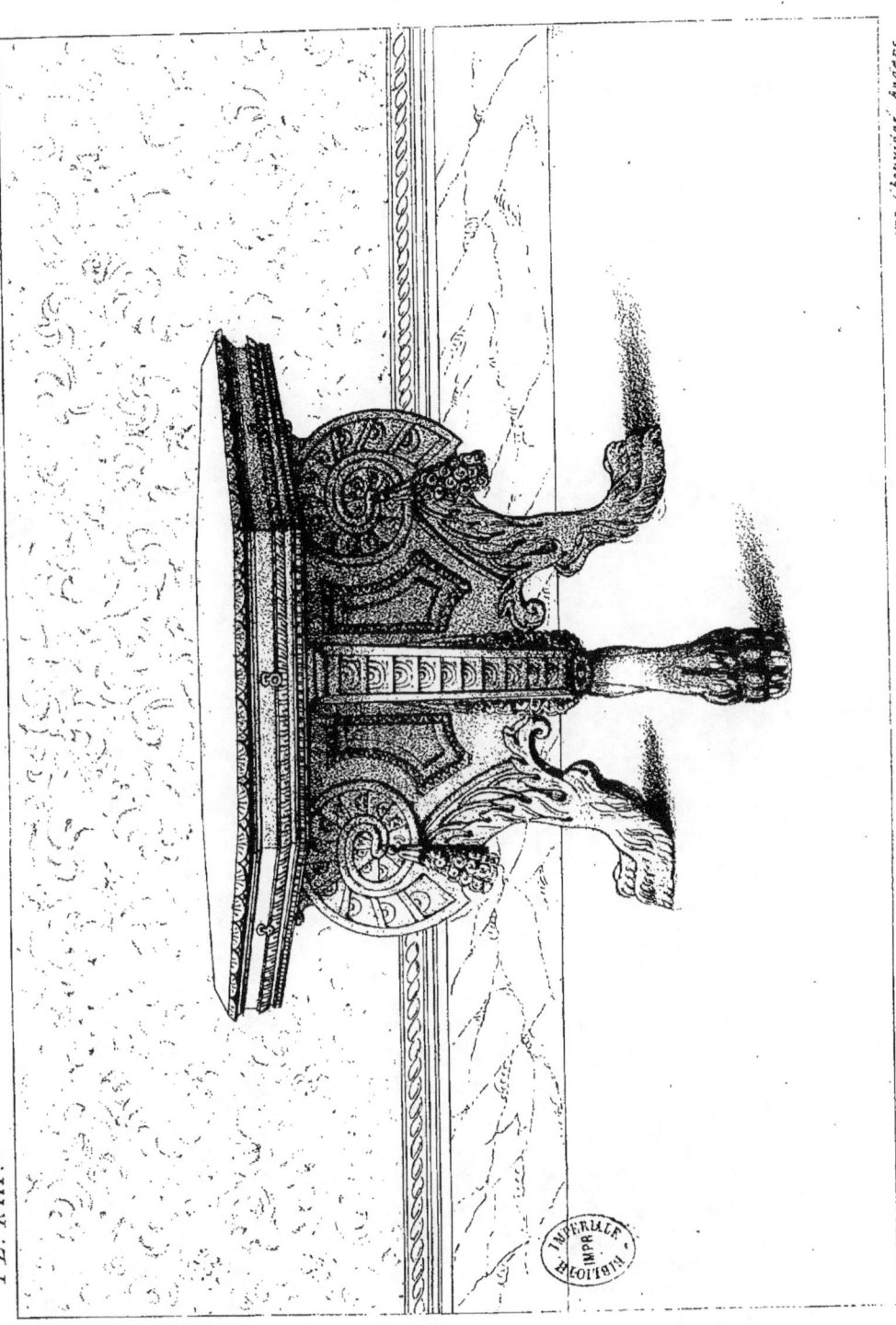

Imp. Chauvigné, Angers.

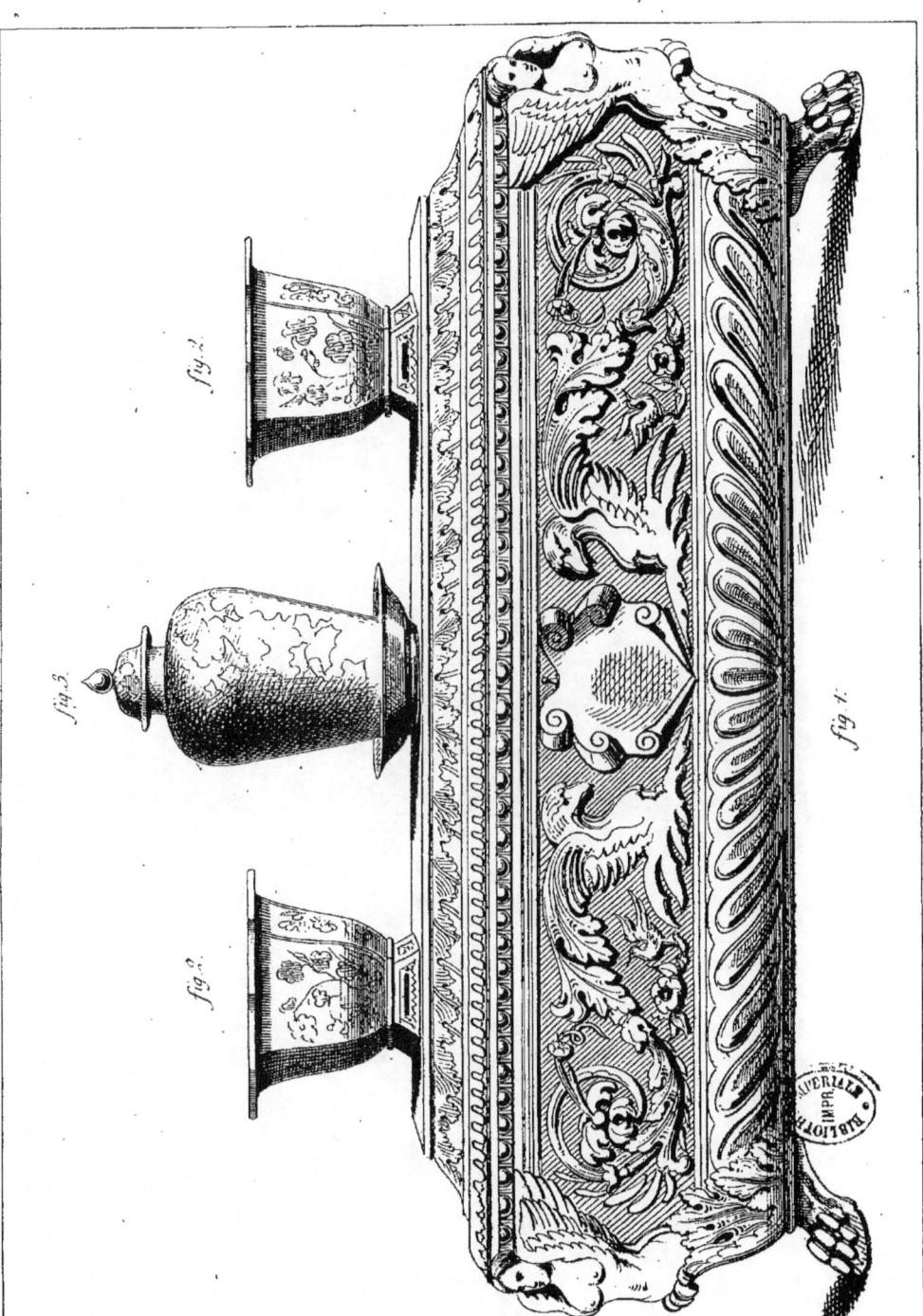

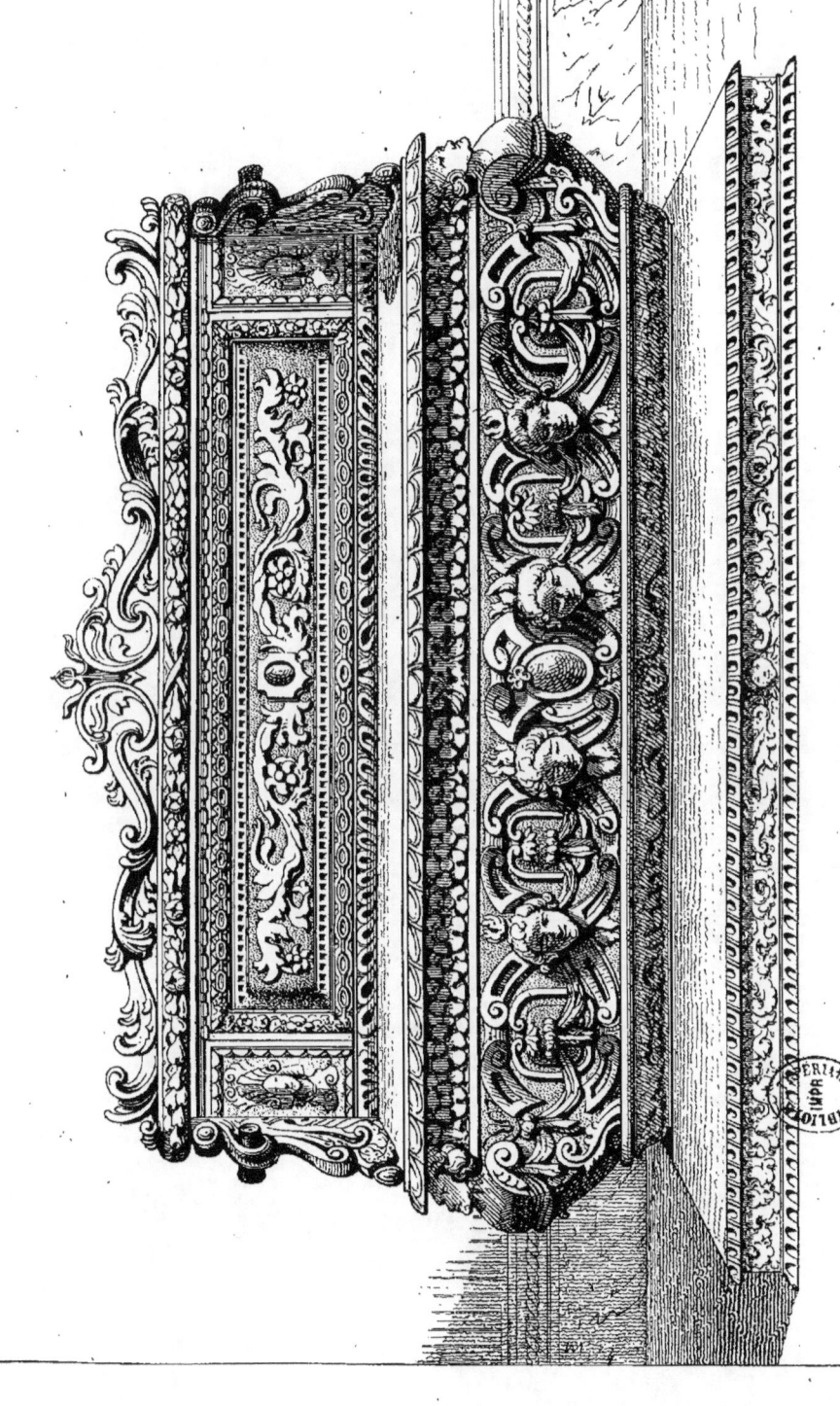

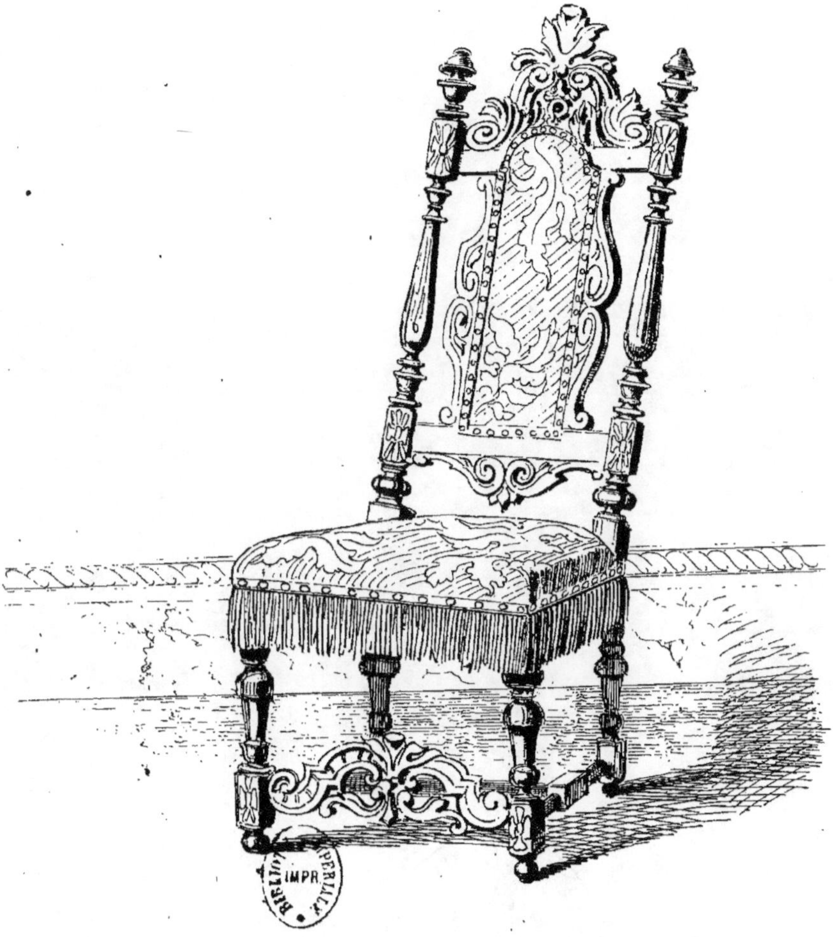

Dessiné par Drake.   Lith. Cosnier et Lachèse.

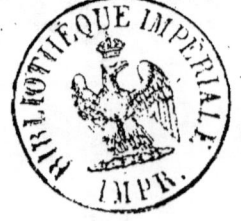

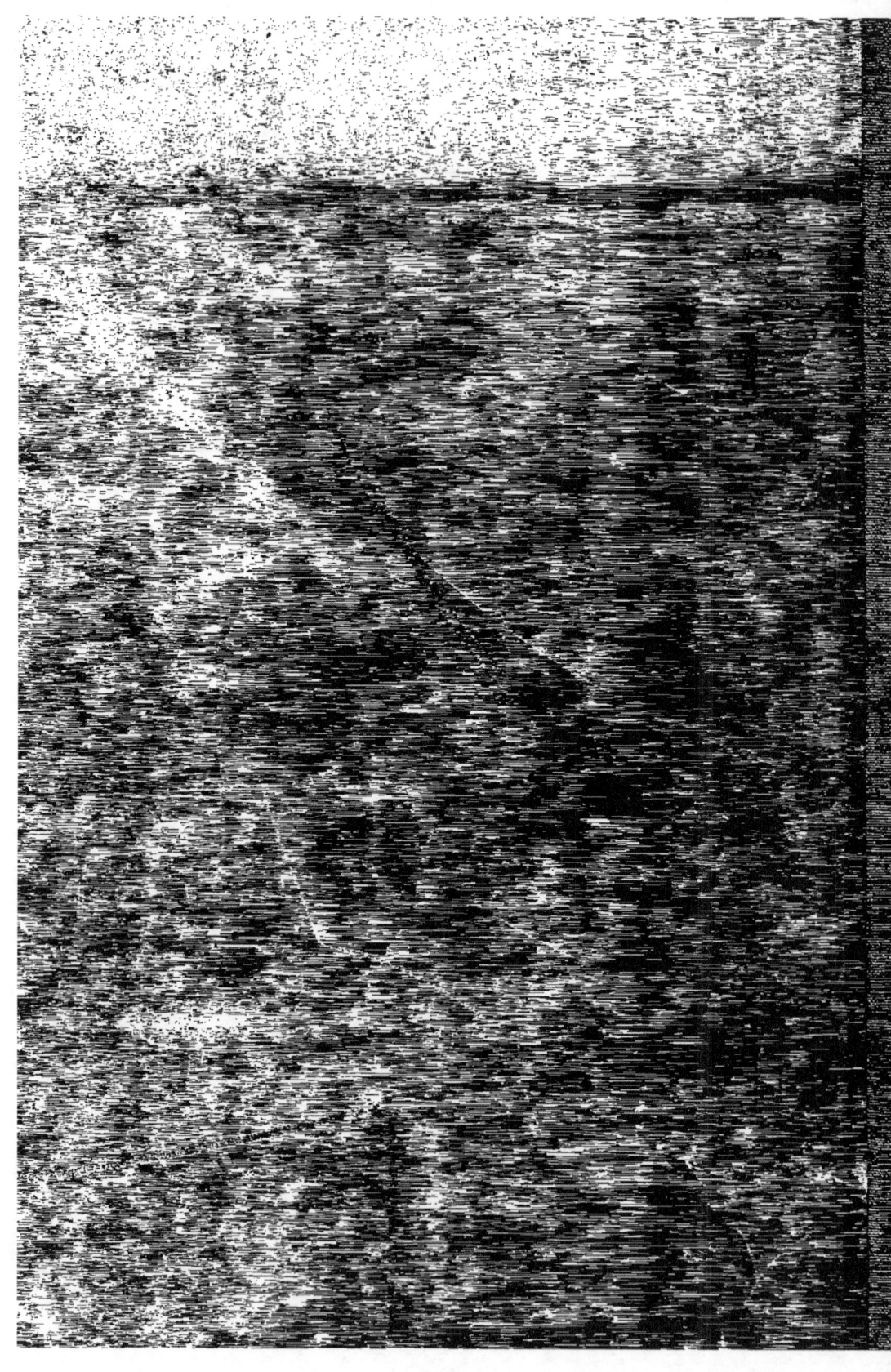

www.ingramcontent.com/pod-product-compliance
Lightning Source LLC
Chambersburg PA
CBHW070218230526
45471CB00002B/971